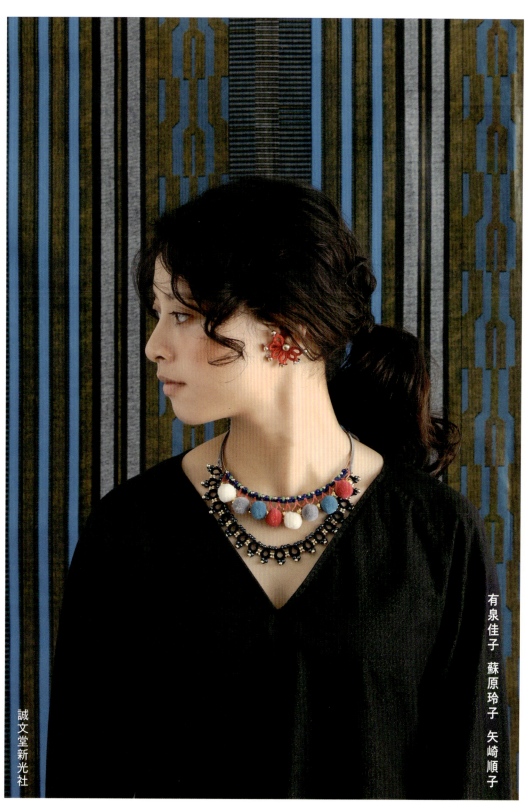

刺繍糸とビーズでいろどる **カラフル・タティングのアクセサリー** *Colorful tatting*

有泉佳子 蘇原玲子 矢崎順子

誠文堂新光社

Contents

ブレードのアクセサリー

基本ブレード＜リング＞	✴ bracelet	p.4
	✴ necklace	p.6
基本ブレード＜リングとブリッジ＞	✴ necklace	p.7
	belt	p.9
応用ブレード1＜リングとブリッジ＞	choker	p.10
応用ブレード2＜リングとブリッジ＞	head band	p.11
	bracelet, ring	p.12
	bracelet	p.13

モチーフのアクセサリー

基本モチーフ	✴ motif	p.14
リーフモチーフ	bracelet, earring	p.15
半円モチーフ	✴ necklace, earring	p.16
ヒトデモチーフ	necklace, earring	p.18
フラワーモチーフ	necklace, earring	p.20
幾何学モチーフ	bracelet	p.22

テクニックのアクセサリー

応用リングのアイディア	necklace	p.25
	✴ earring, bracelet	p.27
パールタティングのアイディア	choker	p.28
	✴ charm	p.30

タティング　基本の作り方

基本の作り方	p.33
ビーズを入れる	p.44
作品作りの前に	p.50
作品の作り方	p.52

✴ 初級者向け作品

はじめに

タティングレースは、舟形のシャトルという道具を使って、
糸の結び目で模様を表わすレースです。
18〜19世紀から始まり、日本には明治時代に伝わったとも言われています。
現在は、レース糸を使うことが多いタティングですが、
この本では全ての作品に25番刺繍糸を使用。
多くの作品にビーズも組み合わせて、
カラフルなタティングのアクセサリーを作りました。
25番刺繍糸は、美しい光沢や発色を持ち、
何よりも約460色もの色数があることが魅力です。
刺繍糸を使うことで、配色の組み合わせが広がり、
華やかで存在感のあるアクセサリー作りが可能になります。
初心者の方は、タティングレースの基本の作り方を読み、
初級者マーク✷の作品から始めて下さい。
経験者の方は、糸の色やビーズなどを
ぜひ自分流にアレンジして制作してみて下さい。
作品は、3名の作家が共に作り上げたもので、
日常の装いの中で、アクセントになるような
アクセサリーを目指しました。
刺繍糸とビーズでいろどる新しいタティングの世界を
お楽しみ下さい。

ブレードのアクセサリー

基本ブレード＜リング＞

bracelet ✲

How to make >> **54**page

a

b

c

d

e

f

g

h

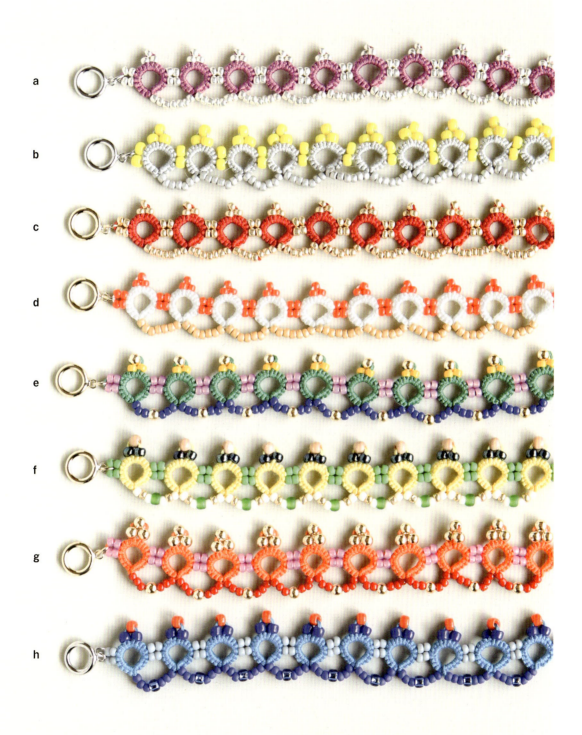

5

基本ブレード<リング>
necklace *

How to make >> **57**page

基本ブレード＜リングとブリッジ＞

necklace *

How to make >> **56** page

基本ブレード＜リングとブリッジ＞

belt

How to make >> **58**page

応用ブレード 1 <リングとブリッジ>
choker
How to make >> **59**page

応用ブレード 2 <リングとブリッジ>
head band
How to make >> **61**page

応用ブレード 2 <リングとブリッジ>
bracelet, ring
How to make >> **61**page, **62**page

応用ブレード 2 ＜リングとブリッジ＞
bracelet

How to make >> **60**page

モチーフのアクセサリー

基本モチーフ
motif *
How to make >> **63** page

リーフモチーフ
bracelet, earring
How to make >> **70**page

a

b

半円モチーフ
necklace, earring ✱

How to make >> **64**page

ヒトデモチーフ
necklace, earring

How to make >> **66**page

フラワーモチーフ
necklace, earring

How to make >> **68**page

幾何学モチーフ
bracelet
How to make >> **65**page, **71**page

テクニックのアクセサリー

応用リング、パールタティング

a

応用リングのアイディア1
necklace
How to make >> **74** page

応用リングの模様

How to make >> 72page

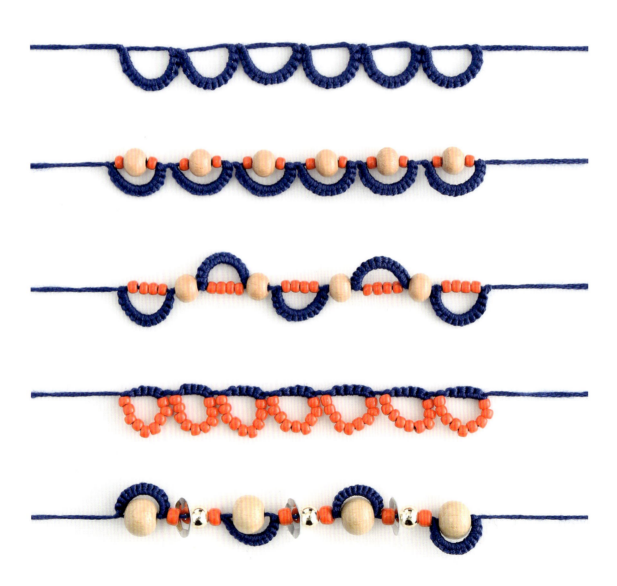

応用リングのアイディア2
earring, bracelet *

How to make >> 73page

パールタティングのアイディア1
choker
How to make >> 77page

パールタティングの模様
How to make >> 76page

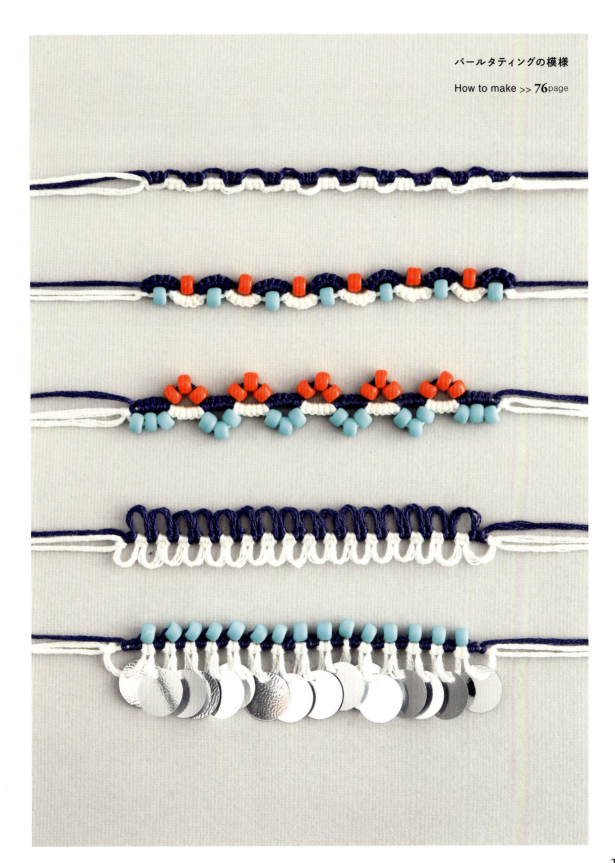

パールタティングのアイディア 2
charm *
How to make >> 78page

タティング
基本の作り方

材料と道具

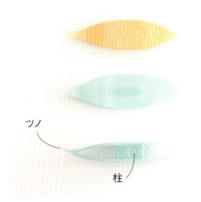

ツノ

柱

シャトル

タティングレース専用の道具で、糸を巻いて使用します。6.5cmくらいが一般的ですが、それより大きなものもあります。多くのビーズを入れる時には大きめがおすすめです。「ツノ」と呼ばれる尖ったツメつきのものがあります。糸を引き出したり、ほどいたりするために使えるので、ツノ付きのシャトルを選びましょう。

1 **レース針** ピコットから糸を引き出す時などに使用します。25番刺繍糸の時には、レース針4号くらいを使います。

2 **はさみ** 糸切り用のはさみ

3 **縫い針** ビーズを通す時に使います。

4 **ボンド** 糸始末をする時に、つまようじにつけて使います。

刺繍糸

掲載作品は全て25番刺繍糸（コスモ）を使用しています。25番糸は約460色もの豊富な色数が特徴です。細い6本の糸がより合わされています。本書では6本よりのまま使用します。レース糸では、20番と同じくらいの太さになります。タティングレースが初めての方は、25番糸と同じくらいの太さのレース糸で練習してから刺繍糸を使って下さい。

ビーズ類

丸大ビーズ、特大ビーズなどを中心に使用しています。ビーズ類についての詳しい説明はp.44をご覧下さい。

あったら便利なもの

鉗子

リング編みをほどく時に使います（使い方p.43）

ピコットゲージ

ピコットの大きさを揃えるために使います。

シャトルに糸を巻く

1 シャトルの柱の穴に糸を通す。

2 糸輪の中から糸端を引き出す。

3 2で作った輪の中に糸束を通す。

4 糸を矢印の方向に引く。

5 シャトルの柱に結び目がくるように糸を引く。

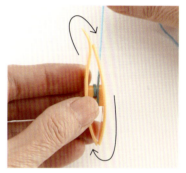

6 シャトルのツノが左上になるように持ち、手前から奥側へ糸を巻き取る。

刺繍糸の扱い方

25番刺繍糸の出し方

糸束の端から出ている糸端を、ラベルを取らずに糸が出ている方向に引き出して使います。このまま、糸を少しずつ引き出しながら、使用します。あらかじめ厚紙に全ての糸を巻き取っておくと、作業がよりスムーズです。

- 25番糸の1束は8mです。
- 本書ではコスモの25番糸を使用。
- 作品は全て、6本取りのまま使います。
- レース糸と同じ扱い方になりますが、ピコットつなぎなど、糸が割れて取りにくい時はレース針を使って下さい。

実物大見本

レース糸20番

25番刺繍糸

レース糸40番

タティングの基本1
結び目と編み方

タティングレースは、糸を結ぶことで模様を作っていくレースです。
2本の糸のうち、1本の糸を芯にして結び目を作り、
それを連続させて模様を表現します。

＊タティングは、糸を結ぶことで模様を作るレースですが、本書では「結ぶ」ことを「編む」と表現します。

基本の結び目

タティングの1目は、表目と裏目で出来ています。表目レースと裏目をセットにした目をダブルステッチと呼びます。本書では省略して、目数だけを記しています。

4目編んだもの

リングとブリッジ

作り方は2種類です。リング状に編み目を作るリング編みと、主にリングとリングの間をつなぐ時に使うブリッジ編みです。どちらの編み方も共通の編み目で構成されています。リングとブリッジでは、左手の糸の持ち方が違うだけで、その他は同じプロセスで編み目ができます。リングだけ、ブリッジだけの作品もありますが、リングとブリッジを組み合わせることで、より複雑な模様を作ることができます。

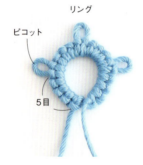

リング　シャトル1つで作る。

ブリッジ　シャトル1つと糸束1つで作る。
または、2つのシャトルで作る。

リング　シャトルの糸を左手に輪にして持つ。→p.37

ブリッジ　シャトルの糸と糸束の2本の糸を一緒に持って、糸束の糸が動かないように小指に巻き付ける。→p.42

✳ 基本の1目

タティングレースの1目は、表目と裏目がセットで出来ています。まずは、リング編みで1目の作り方を説明します。

最初の1目

糸とシャトルの持ち方（リング）

糸端から約6cmのところを親指と人差し指で持つ。

親指以外の4本の指にまわしかけて、糸端とシャトルにつながる2本を一緒に持つ。

シャトルから糸を約20cm出す。シャトルのツノを左上にし、糸はシャトルの向こう側に出して、右手の親指と人差し指で持つ。

表目　実際には糸は1色ですが、説明のために糸の色を途中で変えています

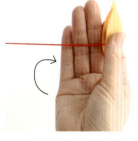

1 写真のようにシャトルを持ち、手の平を手前に倒しながら、矢印の方へ手首を回して、手の甲に糸をかける。

2 シャトルを左手の青糸の下から上へ通す。

3 糸の下をくぐったら、シャトルの向きはそのままに、糸の上を通して右へ戻す。

4 青糸の上を通したら、右手にかかった赤糸の下を通して、右側へ引く。

5 赤糸の下をシャトルがくぐったところ。そのままシャトルを右側へ引く。

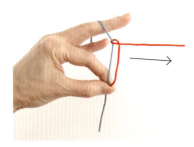
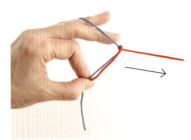
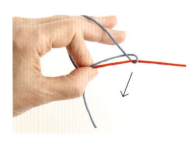

6 右へシャトルを引くと、結び目が左の中指の下あたりにできる。ここでは、青糸が結び目の芯になっている。

7 中指を倒し、青糸のテンションをゆるめながら、シャトルの糸をピンと張る。

8 シャトルにつながる赤糸が芯となる結び目に変わる。続けて、シャトルを手前へ動かす。

9 シャトルの糸を引っ張ったまま、結び目を親指と人差し指の隣に寄せる。同時に、中指を少し後方へ引き、編み目を整える。

10 表目ができたところ。

裏目

11 リング編みの持ち方でシャトルと糸を持つ。

12 右手に糸をかけずに左手の青糸の上にシャトルを通す。

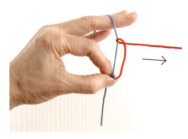
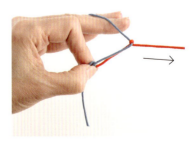

13 シャトルの向きを変えずに、青糸の下を通って右側へシャトルを引く。

14 表目と同様にシャトルを右側へ引く。青糸が芯になり、赤糸が巻き付いている。

15 中指を倒し、青糸のテンションをゆるめながら、シャトルの糸をピンと張る。

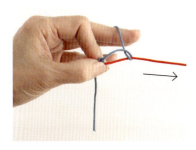
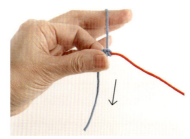

16 赤糸が芯となる結び目に変わる。

17 シャトルを手前へ動かし、表目の真横に引き寄せる。

18 表目と裏目で1目が完成。

正しく編めているか確認する

シャトルの糸を引き、編み目が動けば、正しく編めています。糸を引いても動かなくなってしまったら、リングを作ることが出来ません。その時は、手前から順に1目ずつほどいて、動く編み目まで戻り、編み直します。

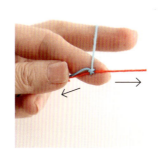

1目をほどくとき

シャトルのツノを編み目に差し込み、編み目を広げてほどきます。

ピコット

隣合った2目の間に出来るループ状の飾りのことで、リングやブリッジとつなぐための「ピコットつなぎ」でも使います。2目めを編む時に、糸を長く残しておくことでできます。ピコットの大きさは模様のデザインによって変わります。通常は目分量で距離をとりますが、正しく取りたい時はピコットゲージという道具を使います。

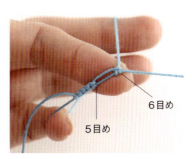
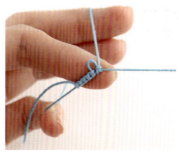

1 リング編みで5目編み、5目めから少し離れたところに6目めを編む。

2 6目めを5目めの隣に寄せることで、ピコットが1つ出来る。

表と裏の見方

ピコットの根もととの違いで見分けると分かりやすいです。ピコットの下に他と同じ目が見えるのが表、縦に糸が見えるのが裏。作品全体のどちらを表にするかは作品によって異なります。本書の作品は、どちらを表にしても構いません。

表

裏

✳︎ リング

 シャトル1つ

リングはタティングレースの中でも基本の模様のひとつで、シャトル1つで編むことができます。まずはピコットつきのリングを作ってみましょう。

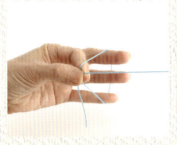

1 リング編みの糸の持ち方で、5目編む。

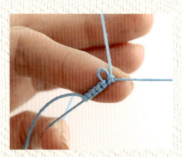

2 5目めと6目めの間にピコットを1つ作る。

3 以降も同様に編み図の通りに全部で20目編む。

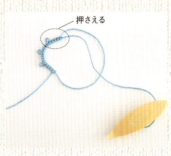

4 最後の方のリングの編み目を左手でかるく押さえながら、シャトルの糸を引き、リングの輪の糸を縮めていく。

5 輪の糸が見えなくなるまでシャトルを引く。

6 ピコットつきのリングの完成。

糸の輪を大きくする

何目か編むと、左手の糸の輪が次第に小さくなり、編みにくくなります。そうなったら、その都度、シャトルから糸を出して、下の手順で糸の輪を大きくします。常に適切な糸の長さを確保して作業しましょう。

リング編みの注意点

リング編みでは、糸輪を小さく引き締めた後には、左のように糸を引くことは出来ません。編み目を確認してから引いて下さい。引き締めた後に間違いに気づいた時には、p.43の方法で対処して下さい。

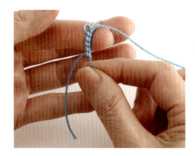

リングの編み始めの目のあたりを親指と人差し指でかるくつまむ。

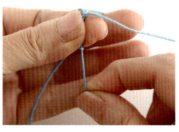

右手で糸を下側に引き出す。糸の輪が小さくなったら、その度に行う。

✽ リングのブレード

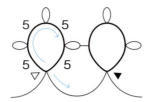
 シャトル1つ

ピコットつなぎという手法で、シャトル1つだけでリングのブレードが作れます。このプロセスを繰り返せば、好きな長さのブレードを作ることができます。

1 リングを1つ編む。

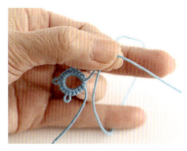

2 1つめのリングの根元から約2cm離れたところを親指と人差し指で持ち、リング編みの構えで、編み始める。

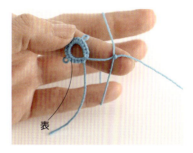

3 リング編みで5目編む。

ピコットつなぎ

4 5目編んだら、左隣のリングのピコットから左手にかかっている輪の糸を引き出す。

5 引き出した糸の輪にシャトルを通す。

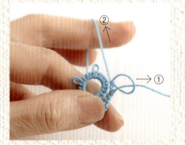

6 シャトルの糸を引きながら①、左手の輪の糸を後方へ引く②。

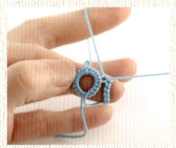

7 ピコットつなぎができたところ。以降は、1つめのリングと同じに編む。

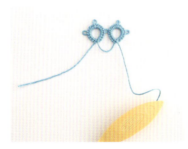

8 リングのブレードの完成。

✻ リングとブリッジのブレード

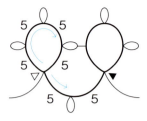

リングとリングの間をブリッジという編み方でつなぐことができます。ブリッジ編みでは、シャトルの他に糸束がもう1つ必要です。シャトルの動かし方は、リング編みと同じですが、左手の糸の持ち方が異なります。

糸とシャトルの持ち方（ブリッジ）

- 2本とも、糸端から約6cmのところを、左手で持つ。
- 糸束の糸は、動かないように小指に2回ほど巻きつける。編み進んで短くなったら、その都度、小指に巻き直して、常に適切な長さを確保しておく。

ブリッジ

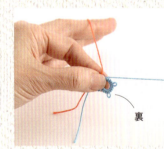

1 リングを1つ編み、裏に返して、糸束の糸とシャトルの糸を一緒に持つ。

2 リング編みの時と同じ要領で、ダブルステッチを1目編む。この時、リングの根元に隙間が空かないように気をつける。

3 5目、ピコット、5目編む。

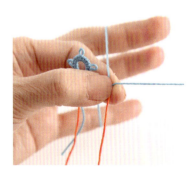

4 完成したブリッジを裏に返して、リング編みの持ち方に構える。

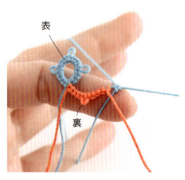

5 5目編んだらピコットつなぎする。以降はリングのブレードと同様。

6 リングとブリッジのブレードの完成。

糸始末

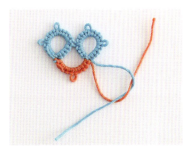 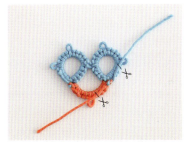 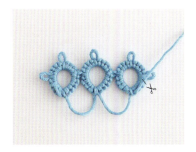

1 作品を裏にして2本の糸をかた結びする。

2 タティングの編み目にボンドをつまようじで少しつけて、その上に糸をのせるように押さえて、乾かす。ボンドが乾いたら、余分な糸をカットする。

3 端から1本しか出ていない時は、結ばずにボンドをつけて同様に始末する。

糸を足す

リングかブリッジの1つの模様が終わったところで糸を足します。
刺繍糸は1束が8mなので、作品によっては何度か糸を足す必要があります。

リングのブレードの場合

 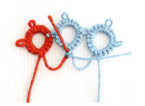

新しいシャトルを用意して、最後のリングにピコットつなぎしながら新たな糸でリングを作る。

作品を裏にして、前の糸と新しい糸をリングの根元でかた結びして糸始末する。

リングとブリッジのブレードの場合　*ブリッジの糸がなくなった時

 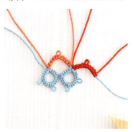

リングが終わったところで、新しい糸束（赤）でブリッジを編む。

リングに、新しい糸束（赤）のブリッジが続く。糸端は糸始末する。

リングを編み間違えたとき

リングを作った後に、リングの糸の輪を大きく広げることは難しいので、どちらかの方法で編み直します。
鉗子という道具を使うか、糸を切ってしまい、新たな糸を足して続けます。

鉗子を使う

リングの根元の輪の糸を鉗子でやさしくつかむ。

リングの編み目を左手で持ちながら、矢印の方向に引っ張り、糸の輪を広げる。シャトルが通せるまで輪が広がったら、1目ずつほどいて戻る。

糸を切る

 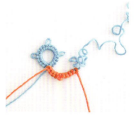

リングのピコットの根元の編み目を広げて、リングの輪の糸をはさみで切る。

シャトルの糸が少し残る。新しい糸でリングを編み足す。

タティングの基本 2
ビーズを入れる

タティングレースは、様々なパーツを入れて編むことが出来ます。予め糸に必要な数のパーツを正しい順番で通しておく必要があります。ここでは、基本となる模様のビーズの入れ方を説明します。ビーズの数や模様が変わっても、手順は変わりませんので、まずは、簡単な模様で練習してみて下さい。

使用の主なビーズ類

25番糸を通しやすい穴が大きめのものを使っています。指定のビーズ、パーツが入手しずらい時は、サイズや色を参考に代用して組み合わせて下さい。
- 丸大ビーズ、特大ビーズは、トーホーのものを使用。
- 特大ビーズには、4mmと5.5mmの2種類のサイズがありますが、主に4mmを使用しています。

丸大ビーズ（トーホー）

外径約3mm

銀パール、金パール、白パール

直径3mmから様々なサイズ

特大ビーズ（トーホー）

外径約4mm

ウッドビーズ

直径3mmから様々なサイズ

スパンコール（スパングル）

一般的な亀甲の形のほか、円形、リーフなど

ビーズを糸に通す

1. ビーズの穴が通る針を選びます。
2. 縫い針に縫い糸を通して、輪になるように両端を一緒に結ぶ。
3. 縫い糸の輪に刺繍糸をかけて、ビーズを通す。

＊刺繍糸は6本取りのまま使います。

針 ・刺繍針　5号より細いもの（番号が大きいもの）
　　 ・一般的な手縫い用の針

ビーズを通したら

全てのビーズを通したら、編み始めの模様に必要なビーズ以外は、シャトルの中に巻き込んでおく必要があります。通す順番や巻き取り方は次ページで説明します。

ビーズが多く編みにくいときには、大きめのシャトルを使うことや数回に分けてビーズを通すこともできます。その場合は、通したビーズ分を編み終えたら、シャトルから糸を外して、糸端からビーズを通して再びシャトルに巻き取ります。

p.5のブレスレット。必要なビーズを全て通し終わったところ。

シャトルに巻き取ったところ。写真は大きめのシャトルですが、一般的なものでも1度に巻き取れます。

ビーズをシャトルに巻き取る

ビーズと糸をシャトルに巻き取る方法をリングのブレードを例に説明します。この方法を参考に、柔軟に調整して下さい。

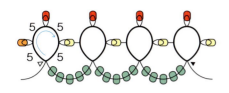

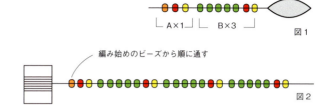

本書の作り方ページでは、図2のプロセスを省略し、ビーズを通す順番のみがわかるように図1のみを記載しています。

1 刺繍糸を使用する長さにカットしてから、必要なビーズを全て通す。

2 刺繍糸をシャトルの柱につける。

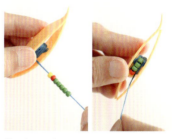

3 糸だけ約60cmシャトルに巻いたら、Bセットのビーズをシャトルの中に巻き込む。次は糸だけを約30cm巻き、次のBセットのビーズを巻き取る。これを下図のように繰り返す。

4 1つめのリングを編むために必要なビーズ（Aセット）と糸だけをシャトルから出しておく。

5 1つめのリングに入れるビーズを左手の糸輪の中に入れて、リングを編み始める。以降は、必要なビーズをシャトルから引き寄せてきて、編み進める。

1模様の糸の長さ 約30cm

1模様分の糸の長さをあけてビーズをセットしておくと、操作がスムーズになります。作品レシピに1模様の長さなど記載があるものは、巻き込む際の目安として下さい。

巻き始めはどの作品でも糸だけ約60cm巻いてからビーズを巻き取っていく。（編み終わりの操作にも糸が必要なので）

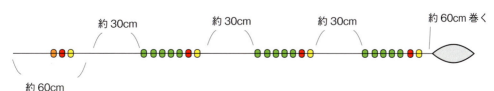

ビーズを入れる　リング

ピコットにビーズを入れたリングを作ります。

準備
シャトルの糸にビーズを3コ通す。

1 ビーズ3コを左手の糸の輪の中に入れた状態で、リング編みで5目編む。

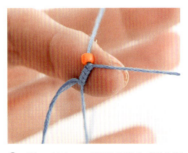

2 ビーズを1つ、5目めの隣まで引き寄せる。

3 ビーズを引き寄せたら、再び5目編む。以降もこれを繰り返す。

4 最後まで編めたら、リング編みの要領で糸を引き、糸の輪を縮める。

5 ビーズ入りのリングの完成。

ビーズの数

ここではピコットにビーズを1コ入れましたが、好きな数を入れることが出来ます。

ビーズ4コを入れる場合

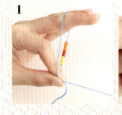 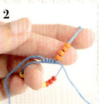   

1　**2**　**3**　**4**　**5**

↑ピコットの根元に隙間があかないように、シャトルの糸を引く。

ビーズを入れる　リングのブレード

ビーズの入ったピコットに「ピコットつなぎ (p.41)」しながらリング同士をつなぎます。

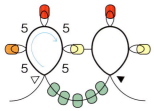

準備
シャトルの糸にビーズを10コ通す。

1つめのリングに入れるビーズ以外は、シャトルに巻き取っておく。

1 ビーズ入りのリングを1つ作る。

2 シャトルの中に巻き込んでおいたビーズ5コをリングの根元まで引き寄せる。

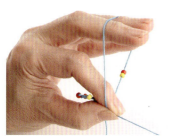

3 5コめのビーズのすぐ隣にリングが出来るように、2コめのリングを作る。この時、ビーズ2コを左手の糸の輪の中に入れておく。

4 5目編めたら、左隣のリングにピコットつなぎする。ビーズがある時は、レース針（4号や6号）を使って、輪の糸を引き出す。

5 ビーズの下側のピコットに糸が通るように引き出す。

6 糸をある程度引き出したら、ピコットつなぎ (p.41) と同様に、シャトルを通してから、糸の輪を後ろ側へ引いて引き締める。

7 ピコットつなぎが終わったところ。以降はビーズ入りのリングを作る。

8 ビーズ入りのリングのブレードの完成。

ビーズを入れる　リングとブリッジのブレード

ブリッジにビーズを入れる時もリングと同様。ピコットにビーズを入れます。

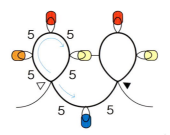
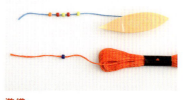

準備
シャトルの糸にビーズを5コ通す。
糸束にビーズを1コ通す。

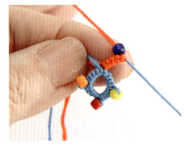

1 1つめのリングを裏に返して、ブリッジを5目編んだら、糸束のビーズ1コを5目めの隣まで引き寄せる。

2 ビーズを引き寄せたら、ブリッジを5目編む。リングを表にして、2コめのリングを編む。

3 p.47と同様に、ピコットつなぎで1コめのリングとつなぐ。

ピコットつなぎのポイント

ビーズ入りのピコットつなぎの場合、ピコットから出した糸は、ビーズの間や横から引き出すことになります。2コ以上のビーズがピコットに入っている場合は、図案線の位置の通りに引き出して下さい。ピコットにビーズが1つの場合は、ビーズの左右のどちらか決めて、全て同じ側から引き出すように揃えて下さい。

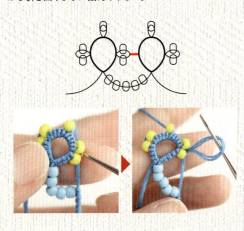
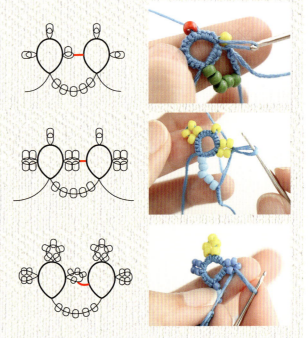

ビーズを入れる　2本のブレードをつなげる

リングとブリッジのブレード。ブリッジにピコットつなぎをすることで、ブレード同士をつなげることができます。

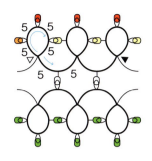

準備（2本め）
シャトルの糸にビーズを7コ通す。
糸束1つ。

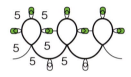

1 リングとブリッジのブレードの作り方を参考に1本めのブレードを作る。

2 ビーズ入りのリングを1つ作る。

3 リングを裏に返し、糸束を左手にかけて、ブリッジを5目編む。

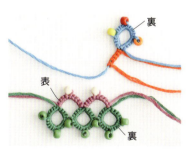

4 2つのブレードのリングをどちらも裏側にして、1本めのブレードのブリッジにピコットつなぎする。

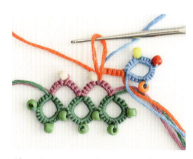

5 1本めのピコットから糸を引き出し、シャトルを通して、つなぐ。（ピコットのビーズの右から糸を引き出す）

6 ピコットつなぎしたところ。ここからブリッジを5目編む。

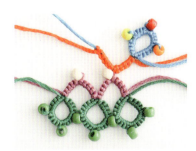

7 ブリッジを編み終わったら、リングを表にして、2コめのリングを1コめにつなぎながら作る。以降は同様にブリッジ、リングを作る。

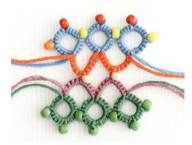

8 2本のブレードがつながり、完成。

基本ブレード
ring

リングのブレード →p.41

ビーズを入れる →p.47

ring&bridge

リングとブリッジのブレード →p.42

ビーズを入れる →p.48

2本をつなげる →p.49

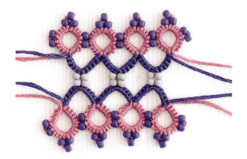

作品作りの前に

本書では、タティングの基本の作り方とビーズの入れ方を基本ブレードの模様を元に解説しています。そして、それらの作り方を理解しながら、アクセサリー作りができるように、基本ブレードの模様を使った作品提案からスタートしています。基本ブレードの後は、リングとブリッジの応用ブレードの作品が続きます。ブレードの次には、様々なレベルで作るモチーフのアクセサリーを紹介。最後に、応用リング、パールタティングと呼ばれるタティングのテクニックを活かしたアクセサリーを提案しています。

タティング初級者の方へ

タティングの基本（p.33〜p.49）を読み、小さな模様で練習してから作品作りをしてみて下さい。25番糸で編みにくい時は同じくらいの太さのレース糸に代えて、初級者向けマーク＊のついた作品から始めましょう。

p.4〜5	bracelet	基本の模様と同じ目数で、ビーズの数が違うだけです。作り方ページをしっかり読みながら作りましょう。
p.6	necklace	
p.7	necklace	
p.14	motif	シャトル1つだけで作るリングのモチーフ。
p.16	necklace	
p.27 応用リング		p.72、p.76の基本の編み方の説明を参考に作って下さい。特に、サイズの小さな作品は手軽に作れるのでおすすめです。
p.30〜31 パールタティング		

基本ブレード＜リングとブリッジ＞ →p.9

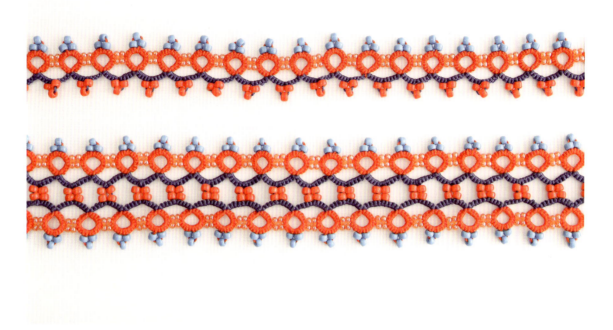

応用ブレード1＜リングとブリッジ＞ →p.11

応用ブレード2＜リングとブリッジ＞ →p.13

糸だけのブレード、糸だけの模様にビーズを入れる、2本をつなぐというように、ブレードは1つのシンプルな模様からバリエーションを広げていくことができます。

作品の作り方

刺繍糸

- 25番糸（25番刺繍糸）は、コスモの糸を使用。括弧内の数字は色番号です。
- 25番糸は6本取り（6本よりのまま）で使用して下さい。
- 刺繍糸1束は8mの長さです。

準備

- 編む前に糸にビーズを通す順番を図にしています。糸とビーズの詳しい準備方法についてはp.44、45を読んで下さい。
- 模様が規則的なもの、使用する糸が長めのものについてのみ、「1模様のビーズの間の間隔」について記載しています。また、間隔は、目安として下さい。

編み図

- 編み図の数字は目数を、○で囲んだ数字は編む順番を表しています。
- 目数の数字は、同じ数で繰り返しになる場合は省略しています。
- 編み始めは▷、編み終わりは▶で表しています。
- タティングのブレード、モチーフのどちらを表にするかの決まりはありません。編み図は、リングが表になるように書いています。
- 図は実物の形と忠実に同じではなく、読みやすく表現しています。出来上がりの形は作品写真で確認しながら作って下さい。

ピアス、イヤリングのパーツ

- ピアス、イヤリングの作品には、モチーフに通すだけで使えるフープ状のパーツを組み合わせる提案にしています。ピアスでも、イヤリングでも、様々な種類がパーツのショップに販売されていますのでお好みのものを選んで組み合わせて下さい。

ビーズ類

- 丸大、特大、銀パール、金パールは全てトーホーを使用。その他のパーツは、名称の後に括弧があるものはトーホーのパーツで、括弧内は商品番号です。
- 丸大ビーズは「丸大」、特大ビーズは「特大」と略しています。

トーホーのビーズ、パーツは以下のウェブショップで購入できます。
ビーズマーケット　https://beads-market.net/

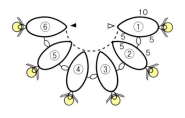

サイズ

記載されているサイズは目安です。ブレスレットやネックレスなど、必要があれば模様を増やすなど調節して作って下さい。

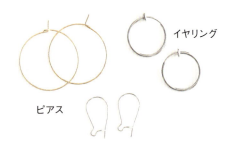

アクセサリーパーツの使い方

基本の工具

基本の工具は、3種類。下記のパーツを使う時に使用します。

・平ヤットコ　丸カンやCカンを開閉する時に2本使う。
・丸ヤットコ　9ピンの先を丸める時に使う。
・ニッパー　9ピンやワイヤーをカットする時に使う。

Cカン

多くの作品は、糸始末をしたタティングのブレード、モチーフの端とアクセサリーのパーツをCカンでつないで組み立てています。

平ヤットコ2本を両手に持ち、両方でカンを挟みます。前後にずらすように開きます。閉じる時も同じ。

ボールチップ

長めに残しておいた糸端をボールチップを使って処理している作品がいくつかあります。糸端が1本の時は、6本取りの糸を3本ずつに分けて、3本の糸束にビーズを通して下さい。

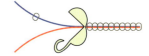

ボールチップの穴に糸を通します。

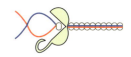

糸にビーズを1つ通してから、糸を何度かしっかり結び、結び目に接着剤をつけます。

ボールチップをヤットコで閉じ、次のパーツをつなげて、カンの隙間を閉じます。

9ピン（Tピン）

ウッドビーズやパールをパーツ化する時に使います。Tピンも同様の使い方です。

パーツに9ピンを通して、根元から90度に曲げて、7～8mmの長さに切ります。丸ヤットコの先でピンをはさみ、輪に曲げます。

開く時は、ヤットコで丸めたピン先を前後にひねります。

基本ブレード＜リング＞

bracelet ✳ p.4

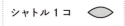 シャトル1コ

リングの基本ブレードで作るブレスレット。糸の色やビーズの組み合わせによって、印象が様々に。タティング初心者の方は、1種類のビーズを入れるものから始めて下さい。

タティング材料
シャトル1コ
＊糸、ビーズは各編み図に記載

アクセサリー材料
Cカン 0.8×3.5×5mm　2コ
マンテル　1セット
平ヤットコ　2本

作り方
1. 4mの刺繍糸に図の順に全てのビーズを通す。1模様のビーズの間を約30cmあけてシャトルに巻き取る。（糸とビーズの基本の準備方法はp.45）
2. リングのブレードの作り方（p.41、p.47）を参考にリングが10コのブレードを作る。g以外は省略しているが、全てリングが10コのブレード。
3. 糸始末する。（糸始末はp.43）
4. ブレードの端にCカンをつけ、マンテルをつける。

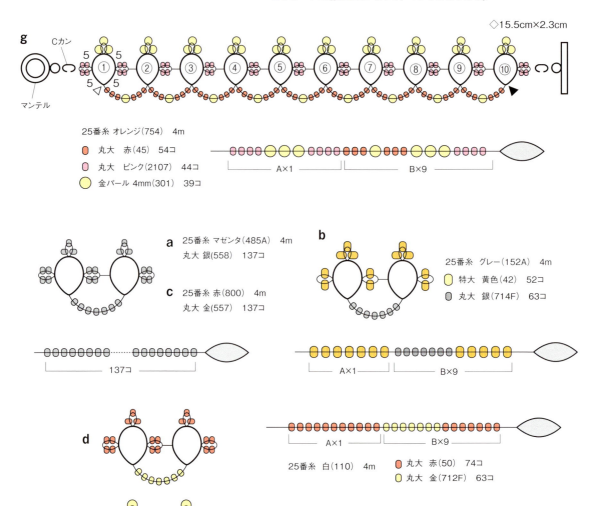

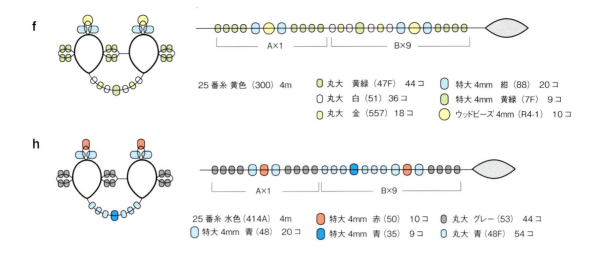

f

25番糸 黄色（300）4m

- 丸大 黄緑（47F） 44コ
- 丸大 白（51） 36コ
- 丸大 金（557） 18コ
- 特大 4mm 紺（88） 20コ
- 特大 4mm 黄緑（7F） 9コ
- ウッドビーズ 4mm（R4-1） 10コ

h

25番糸 水色（414A）4m

- 特大 4mm 青（48） 20コ
- 特大 4mm 赤（50） 10コ
- 特大 4mm 青（35） 9コ
- 丸大 グレー（53） 44コ
- 丸大 青（48F） 54コ

ブリッジから始めるブレード

タティングの基本では、リングから始まるブレードを例に作り方を説明していますが、ブリッジから始めることも出来ます。p.56のネックレスとp.58のベルトはブリッジから始まっています。また、この2作品は、下の方法でそれぞれ糸始末します。

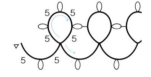

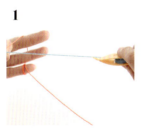

1 ブリッジ編みの持ち方（p.42）で編み始める。

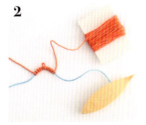

2 ブリッジで、5目、ピコット、5目が編めたところ。

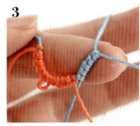

3 ブリッジを裏に返して、シャトルの糸でリングを編む。

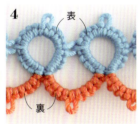

4 3を裏返して、ブリッジを編む。以降は3、4を繰り返す。

糸始末

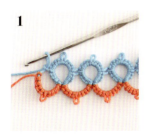

1 ピコットから青糸の糸端を少し引き出す。

2 もう1本の糸端を青糸の糸輪の中から引き出す。

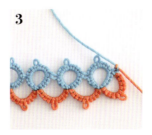

3 モチーフの裏側で2本の糸をかた結びする。

p.56 ネックレス

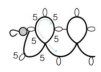

端の糸をボールチップで始末する。

基本ブレード＜リングとブリッジ＞

necklace ＊ p.7

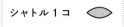
シャトル1コ

糸束1コ

リングとブリッジのブレードで作るショートネックレス。p.42、p.48の基本ブレードは、リングからスタートしてますが、これは、ブリッジから編み始めています。p.55の編み始めを参考にして下さい。また、シャトルの糸に一度に全てのビーズを通すことが出来ないので、3回に分けて作ります。

タティング材料

シャトル1コ
25番糸
　エンジ（226）　12m（1束8m＋4m）
　ピンク（484A）　5m

○ 特大4mm　銀（21）　90コ
● 特大4mm　エンジ（703）　31コ
○ 丸大4mm　黄色（12F）　124コ

アクセサリー材料

ボールチップ　2コ
Cカン 0.8×3.5×5mm　8コ
2連クラスプ 1セット
平ヤットコ　2本
丸ヤットコ　1本

作り方

1. 5mの刺繍糸（ピンク）にビーズを通す。

2. 8mの刺繍糸（エンジ）に10模様分のビーズを通して、10模様編む。編み始めは10cm残しておく。

＊1模様のビーズの間は約30cmあけて巻き取る。

3. シャトルから糸を外して、糸端側から10模様分のビーズを通して、再度シャトルに巻きとり編む。

4. 新たに4mの刺繍糸（エンジ）に10模様分のビーズを通して、3のブレードにつなげてもう10模様編む。編み終わりは10cm残しておく。

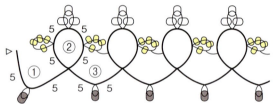

金具のつけ方

ブレードの両端はp.55のように糸始末して、糸端をボールチップでとめる。図のようにCカンでクラスプにつなげる。

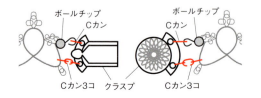

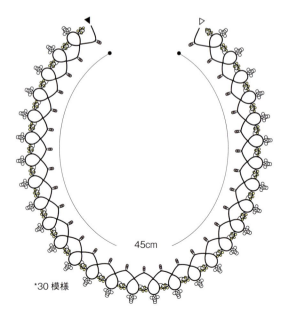

45cm
＊30模様

基本ブレード＜リング＞

necklace ✶ p.6

シャトル1コ

リングのブレードのバリエーションをネックレスにした作品。シャトルの糸に通すビーズが多いので、2回に分けて通して下さい。

タティング材料
シャトル1コ
25番糸　紺（669A）7m
🔵 特大4mm　紺（88）87コ
🟡 丸大　金（557）76コ
🟡 金パール4mm（301）18コ

アクセサリー材料
革ひも　43cm　2本
縫い糸　適量
特大5.5mm　金（22）2コ

作り方

1. 7mの刺繍糸（紺）に9模様分のビーズを通し、9コめのリングまで編む。

＊1模様のビーズの間は約30cmあけて巻き取る。

2. シャトルから糸を外して、糸端側から残りの9模様分のビーズを通して、再度シャトルに糸を巻き、残りを編む。

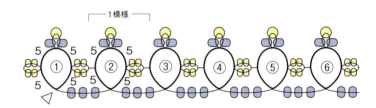

26cm
＊18模様

紐のつけ方

1. 革ひもにそれぞれ特大ビーズ（5.5mm）を1コ通して、端をひとつ結びする。

2. 両端の2箇所に革ひもを通して、二つ折りにして、縫い糸で何重か巻き結ぶ。

57

基本ブレード＜リングとブリッジ＞

belt p.9

リングとブリッジのブレードのバリエーション。2本のブレードを編みつなぎ、ベルトにしました。刺繍糸とビーズをたくさん使うので、糸を足す箇所が多いですが、編み方は基本と同様です。

タティング材料
シャトル1コ
25番糸　オレンジ（758）40m（5束）
25番糸　紫（665）16m（2束）
○ 丸大　オレンジ（111）392コ
○ 特大4mm　オレンジ（50）196コ
○ 特大4mm　水色（43D）288コ

アクセサリー材料
リボン　4mm幅×55cm　4本
縫い糸　適量

作り方

1. 8mの刺繍糸（紫）に、特大ビーズ（オレンジ）を通す。

2. 8mの刺繍糸（オレンジ）で、ビーズを2回に分けて通して、20模様編む。（2回に分ける方法はp.56を参考に）

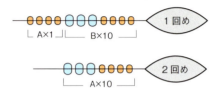

＊1模様のビーズの間は約30cmあけて巻き取る。

3. 2と同様に新たに8mの糸で、2につなげて20模様編む。

4. 4mの刺繍糸（オレンジ）に、8模様分のビーズを通し、3につなげて8模様編む。48模様のブレードが1段分、完成。

5. 1段めに編みつなぎながら、2段めを編む。
　つなぎ方はp.49を参照。

6. 1段め、2段めの両端はp.55の方法で糸始末して、ボンドでとめて不要な糸はカットする。

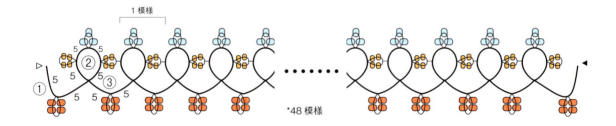

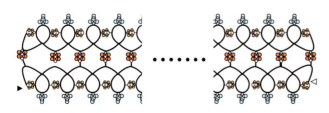

◇4.5cm×71cm

リボンつけ位置

両端の2箇所にリボンを通して、縫いとめる。

応用ブレード1＜リングとブリッジ＞

choker p.11

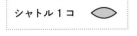

リングとブリッジのブレードのバリエーション。1つの模様を往復して、模様を2倍にしたブレードを作ります。

タティング材料

シャトル1コ
25番糸
緑（846） 16m（2束）
赤紫（485A） 7m

- 金パール3mm（301） 152コ
- 特大4mm　　緑（36） 21コ
- 　　　　　　オレンジ（42D） 18コ
- 　　　　　　古金（722） 18コ

アクセサリー材料

紐　50cm　1本

準備

シャトル

刺繍糸（緑）8mを巻いて、金パールを通す。

＊1模様のビーズの間は約40cmあけて巻き取る。

刺繍糸（緑）8mを巻いて、金パールを通す。

糸束

7mの刺繍糸（赤紫）に、A〜Dの順に計57コ通す。

作り方

1. 1段めを編む。1段めは19模様。
2. 右端を編む。
3. 2段めを編む。1段めの模様のブリッジにピコットつなぎしながら、19模様作る。
4. 左端の模様を編み、編み始めの糸とかた結びして糸始末する。
5. 両端のリングに紐を通しチョーカーとして使う。

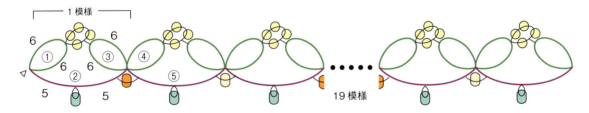

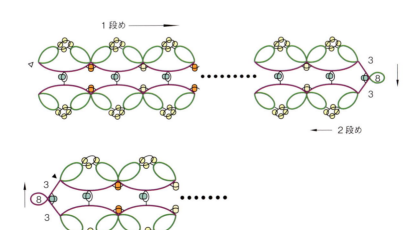

◇36cm×3.3cm

応用ブレード2＜リングとブリッジ＞
bracelet p.13

シャトル2コ

シャトルを2コ使います。1本の糸の両端にそれぞれビーズを通してからシャトルに巻き取ります。リング編みも、ブリッジ編みの時も、いつも同じ面を見ながら編み進めることで、ブリッジが曲線ではなくまっすぐになります。どの部分の編み目も、シャトルBの糸で作られますので、1色しか出てきません。

準備

金パール9コを糸に通してから、シャトルAに約60cmほど巻きとる。

反対の糸端から特大ビーズ32コを全て通し、糸をシャトルBにつけ、約5m巻き取る。
＊ビーズ4コ毎に38cm間隔であける。

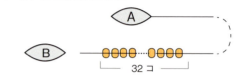

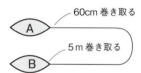

タティング材料
シャトル2コ
25番糸　青（217）6m
○ 金パール5mm（301）9コ
● 特大4mm　オレンジ（42D）32コ

アクセサリー材料
Cカン0.8×3.5×5mm　2コ
マンテル　1セット
平ヤットコ　2本

作り方
1. シャトルBで8目のリング①を編む。
2. シャトルBでリング②（ビーズ入り）を編む。
3. 金パール1コをリングの真下まで引き寄せる。③
4. リングを表に見たまま、シャトルAでブリッジ④を編む。以降もずっと同じ面を見たまま編み進める。
5. シャトルBでリング⑤を編む。1つめのリングにピコットつなぎする。以降は、2〜5を繰り返す。全部で8模様編み、端に8目のリングを編む。

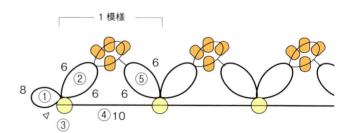

ブレスレット作り方
両端のリングにCカンをつなぎ、マンテルをつける。

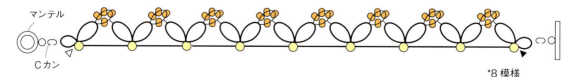

＊8模様

◇ブレードのみ 15.5cm×1.5cm

応用ブレード2＜リングとブリッジ＞

head band p.11

左ページのブレスレットと同じブレードを色違いで長く編んで、市販のカチューシャに留めつけています。

タティング材料

シャトル2コ
25番糸　ピンク（485A）14m（1束＋6m）
- 金パール5mm（301）21コ
- 特大4mm 緑（7F）80コ

アクセサリー材料

リボン1.5cm×2cm　2本
カチューシャ
テグス、接着剤　適量

◇ブレード　35cm×1.5cm

準備

1. p.60と同じ要領で8mの1本の糸の両端にシャトルをつける

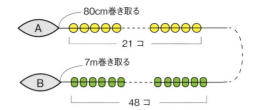

2. 6mの刺繍糸にビーズを通す。

作り方

1. ブレスレットと同様にビーズを糸にセットして、20模様分のブレードを編む。両端の8目のリングも同じにする。
2. 市販のカチューシャにテグスでブレードを巻き付けて固定する。
3. リボンに両面テープ（または接着剤）を貼って、カチューシャとブレードの端に巻き付ける。

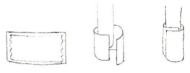

応用ブレード2＜リングとブリッジ＞

ring p.12

シャトル2コ

左ページのブレードと同じ模様を短く編み、輪にして糸始末をしています。

タティング材料

シャトル2コ
25番糸　白（110）3m
- 金パール4mm（301）16コ
- 特大4mm 赤（25）2コ
- 　　　　青（48F）1コ
- 　　　　緑（7F）1コ

◇ブレード　7cm×1.5cm

準備

p.60と同じ要領で3mの1本の糸の両端に、ビーズを通しシャトルにつける。

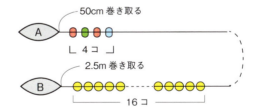

作り方

1. p.60のブレードを参考に4模様を編む。
2. 最後のリングは、1つめのリングにピコットつなぎして全体を輪にする。
3. 全体を裏にしてから、糸始末する。指輪のサイズは、芯糸（シャトルA）の引き締め加減で調節する。糸始末が終わったら、全体を表に返す。

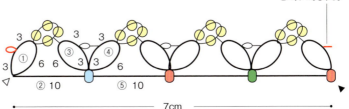

応用ブレード2＜リングとブリッジ＞

bracelet p.12

シャトル2コ

p.60のブレードを2倍にしたブレスレット。同じ模様ですが、シャトル2コは1本の糸の両端につけるのではなく、それぞれに別の糸を巻きます。

タティング材料
シャトル2コ
25番糸　白（110）　11m（1束8m＋2m、1m）
　〇　金パール4mm（301）32コ
　〇　特大4mm　赤（25）6コ
　〇　　　　　　青（48F）6コ
　〇　　　　　　緑（7F）6コ

アクセサリー材料
Cカン0.8×3.5×5mm　2コ
マンテル　1セット
平ヤットコ　2本

準備

シャトルA　1mの刺繍糸（白）に特大ビーズを図の順に通す

シャトルB　8mの刺繍糸（白）に金パールを32コ通す

＊ビーズ4コ毎に約38cmあけて巻き取る。

刺繍糸（白）2mのみ

作り方

1. 1段め（8模様）を編む。p.60のブレードと同様に、リングでもブリッジでもいつも同じ面を見て編む。
2. 右端を編む。シャトルAでブリッジを編み、裏返してシャトルAでリングを編む。裏返して、シャトルAでブリッジを編む。
3. 1段めのリングにピコットつなぎしながら、2段めを編む。（p.49を参照）いつも同じ面を見ながら編む。
4. 左端を編む。編み終わりは、特大ビーズ（赤）を1コ通してから、糸端を10cm残して糸を切る。編み始めの糸端とかた結びして糸始末する。
5. 左右のリングにCカンをつけて、マンテルをつなげる。

1
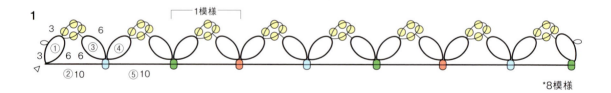

2、3
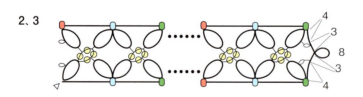

4
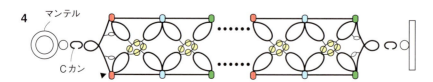

◇ブレードのみ 15.5cm×2.3cm

基本モチーフ

motif ✱ p.14

シャトル1コ

リングをピコットつなぎしながら作るモチーフ。お好みのアクセサリーのパーツを組み合わせて、ネックレスや耳飾りとして楽しんで下さい。モチーフの作り方のみ説明します。

タティング材料　＊a～fまでシャトル1コ使用

a　25番糸　青（217）2.3m
　　特大4mm　赤（45）5コ
　　　　　　　青（48）5コ
　　　　　　　オレンジ（50）20コ
　　丸大　　　水色（43F）20コ
　　　　　　　水色（3）30コ

b　25番糸　ピンク（485A）2.3m
　　特大4mm　水色（43D）5コ
　　　　　　　紫（48LF）5コ
　　　　　　　黄色（42）20コ
　　丸大　　　ピンク（2107）20コ
　　　　　　　ピンク（350）30コ

d　25番糸　オレンジ（754）2.3m
　　特大4mm　青（48）5コ
　　　　　　　オレンジ（50）5コ
　　　　　　　水色（43）20コ
　　丸大　　　オレンジ（50）20コ
　　　　　　　オレンジ（111）30コ

e　25番糸　白（110）2.3m
　　特大4mm　オレンジ（50）5コ
　　　　　　　緑（47）5コ
　　　　　　　赤（45）20コ
　　丸大　　　グレー（53）20コ
　　　　　　　銀（558）30コ

c　25番糸　水色（414A）2.6m
　　銀パール3mm（300）36コ
　　銀パール4mm（300）6コ

f　25番糸　赤（800）2.6m
　　金パール3mm（301）36コ
　　金パール4mm（301）6コ

作り方

1. 1つめのリング①（編み図の赤の部分）を編む。5目毎にピコットを作る。
2. 2コめのリングの間にはさむビーズをシャトルの中から引き寄せる。
3. 2コめのリングを編む。5目編んだら、1つめのリングにピコットつなぎする。再び5目編んだら、1コめの頂点にピコットつなぎする。
4. 最後のリングを編んだら、ビーズを引き寄せる。リング①の根元で糸端同士をかた結びし、糸始末する。

＊1模様のビーズの間は約30cmあけて巻き取る。

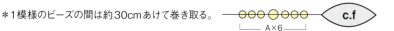

c、f

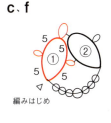

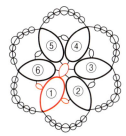

◇4.2cm×4.2cm

a、b、d、e

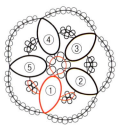

◇4.2cm×4.2cm

半円モチーフ

necklace ★ p.16, 17

シャトル1コ

リング編みとピコットつなぎだけで作れるシンプルなモチーフ。半円モチーフの中心にあるパールは、モチーフが編み終わった後に、両方の糸端をパールに通して一体化します。

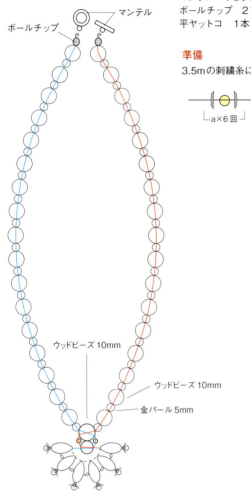

マンテル
ボールチップ
ウッドビーズ 10mm
ウッドビーズ 10mm
金パール 5mm

a
タティング材料
シャトル1コ
25番糸　赤（800）3.5m
○ 金パール5mm（301）6コ
　　パール8mm　ベージュ　1コ
　　スパングル亀甲6mm　銀（500）12コ

アクセサリー材料
金パール5mm（301）34コ
金パール4mm（301）2コ
ウッドビーズ10mm（R10-1）35コ
マンテル　1セット
ボールチップ　2コ
平ヤットコ　1本

b
タティング材料
シャトル1コ
25番糸　青（217）3.5m
○ 白パール5mm（200）6コ
　　白パール12mm（200）1コ
　　スパングル亀甲6mm　銀（500）12コ

アクセサリー材料
銀パール5mm（300）36コ
ウッドビーズ10mm（R10-2）35コ
マンテル　1セット
ボールチップ　2コ
平ヤットコ　1本

準備
3.5mの刺繍糸にパーツを通す　　＊1模様のビーズの間は約30cmあけて巻き取る。

タティング作り方　a、b共通
1. 糸端を50cm残したところからリングを編み始める。
2. 10目編んだら、パーツaを引き寄せ、5目編み、ピコット、5目編む。
3. 1つめのリングと隙間があかないように、2つめのリングを編む。以降は編み図の通り。
4. 編み終わりは、糸端を50cm残してはさみで糸を切る。

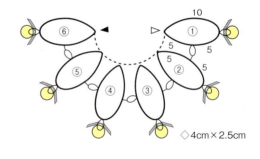

◇4cm×2.5cm

タティングが編み終わったところ

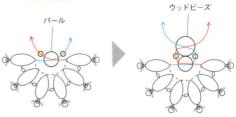

パール　　ウッドビーズ

アクセサリー作り方
1. 右図のように左右の糸端にパーツを順に通す。
   a パール8mm→金パール4mm→ウッドビーズ10mm
   b パール12mm→銀パール5mm→ウッドビーズ10mm
2. パール5mmとウッドビーズ10mmを交互に17コずつ通してボールチップで端を始末する。ボールチップはマンテルにつなぐ。

半円モチーフ

earring ★ p.16, 17

シャトル1コ

ネックレスと同じモチーフを使った片耳ピアス。シャワータイプのピアス金具（イヤリング金具）にモチーフの糸端を結びつけて作ります。

耳飾り材料

a 半円モチーフ（赤）1コ
　パール　ベージュ　8mm　1コ
　ピアスまたはイヤリング金具
　（シャワー台のついてるもの）

b 半円モチーフ（青）1コ
　銀パール 8mm（300）　1コ
　ピアスまたはイヤリング金具
　（シャワー台のついてるもの）

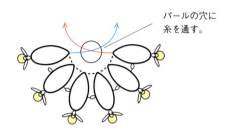

パールの穴に糸を通す。

タティング作り方

1. ネックレスと同じ半円モチーフをタティングで作る。刺繍糸は2.3m使用。編み始めと編み終わりは10cmずつ残しておく。
2. モチーフの中心に配置するパールに、左右の糸端を図のように通す。
3. 糸端をシャワー台の穴に何度か通して結び、ボンドで始末する。

幾何学モチーフ

motif p.22

シャトル1コ

糸束1コ

ここでは、モチーフcの材料と編み図のみ掲載します。
a、b、dはp.22のブレスレットのモチーフと同じです。
cの編み方はp.71を参考にして下さい。

タティング材料

シャトル1コ
25番糸　緑（537）2.8m（1.5m＋1.3m）
銀パール（300）3mm 16コ
銀パール（300）4mm 4コ

＊参考
a、b、dの糸色番号
25番糸　緑（537）
25番糸　紫（176）

準備

1.5mの刺繍糸に、銀パールを通す。

12コ

1.3mの刺繍糸に、銀パールを通す。

8コ

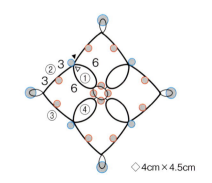

◇4cm×4.5cm

ヒトデモチーフ

earring p.18

シャトル2コ

2つのシャトルで編むモチーフ。糸だけで作るヒトデaが基本。他は、aのモチーフにビーズを入れています。右ページの3パターンの配色からお好みの色を選び、完成したモチーフにピアス（イヤリング）金具をあわせて使って下さい。

ヒトデ a

タティング材料
シャトル2コ
シャトルA　25番糸　1.8m
シャトルB　25番糸　1.3m
＊配色は右ページに記載

作り方

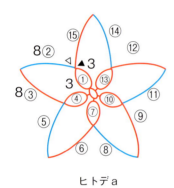

ヒトデa
◇3.5cm×3.5cm

1. シャトル A でリング①を編む。
   （3目→ピコット→3目）

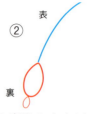

2. 裏返して、シャトル A で
   ブリッジ②を編む。

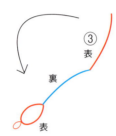

3. 裏に返してシャトル B で
   ブリッジ③を編む。

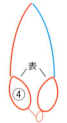

4. ブリッジの境目が角に
   なるようにを曲げて、
   シャトル A でリングを
   3目編み、1つめのリング
   にピコットつなぎする。

5. 以降は②〜④を繰り返す。

6. 最後は同じ色の糸同士をかた結びして
   糸始末する。

ヒトデ b

1.8mの刺繍糸　A

1.3mの刺繍糸に、金パール（4mm）10コ通す

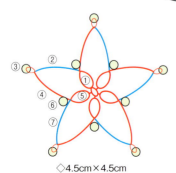

◇4.5cm×4.5cm

・②のブリッジを編んだら、
　シャトル B に通したパーツを
　1つ引き寄せて③、
　ブリッジ④を編む。

・⑤のリングを編んだら、
　パーツを1つ引き寄せて⑥、
　ブリッジ⑦を編む。

ヒトデ c

1.8mの刺繍糸　A

1.3mの刺繍糸に、金パール（4mm）5コ通す

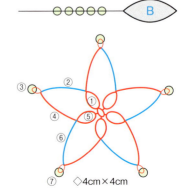

◇4cm×4cm

ヒトデ d

1.8mの刺繍糸に、金パール（4mm）5コ通す

1.3mの刺繍糸に、金パール（4mm）5コ通す
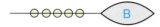

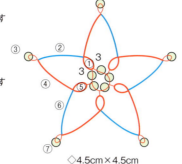

◇4.5cm×4.5cm

ヒトデ d
1つめのリングの先端にビーズを5コ入れたピコットを作る。以降は、ヒトデcと同じ。

ヒトデモチーフ
necklace p.19

シャトル2コ

ヒトデモチーフを複数作り、Cカンでつなげた大きめのネックレスです。つなぐ場所は写真を参考にして下さい。

配色パターン
25番糸
（1）A 赤800、B 紫486
（2）A 赤800、B ピンク504
（3）A 赤800、B 赤857

アクセサリー材料

ヒトデa（配色1×2コ、配色2×1コ、配色3×1コ）4コ
ヒトデb（配色1）1コ
ヒトデc（配色2）2コ
ヒトデd（配色3）1コ

ウッドビーズ6mm
　ピンク（α-129）4コ、赤（R6-3）4コ
金パール4mm（301）　24コ
9ピン　30コ
Tピン 2コ
Cカン 0.8×3.5×5mm　14コ
マグネットクラスプ　1セット
丸ヤットコ　1本
ニッパー　1本
平ヤットコ　1本

＊ウッドビーズ8コと金パール22コは9ピンを通してパーツ化しながら、つなげていく。

マグネットクラスプ
金パール
ウッドビーズ
Cカン
a(3)
Cカン
a(1)
d(3)
b(1)
c(2)
金パールを後からつける
a(2)
a(1)
c(2)
金パールにTピンでパーツ化したものをモチーフの端につける。

フラワーモチーフ

earring p.21

 シャトル2コ

シャトル2つで作るフラワーモチーフ。お好みの
ピアス、イヤリングパーツを組み合わせて下さい。

タティング材料

シャトル2コ
25番糸
シャトルA　1.5m（赤838）
シャトルB　1.8m（緑270）
＊その他の配色は右ページに記載

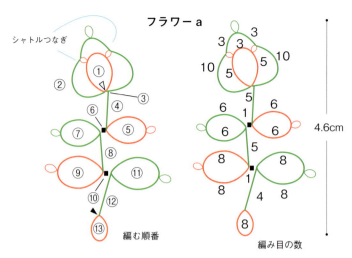

フラワーa

編む順番　　　編み目の数

4.6cm

フラワーaの手順

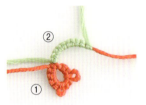

①②シャトルA（赤）でリングを編み、リングを裏に返して、シャトルA（赤）でブリッジ②を10目編む。

シャトルつなぎ

リングのピコットから、シャトルA（赤）の糸を引き出し、糸の輪の中にシャトルを通す。

シャトルA（赤）を通したら、糸を引き締める。リングとブリッジがシャトルつなぎでつながったところ。

①②が編み終わったところ。同じ糸同士をかた結びする。

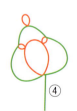

④シャトルA（赤）でブリッジを5目編む。

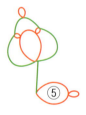

⑤裏に返してシャトルA（赤）でリングを編む。

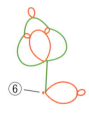

⑥裏に返さずシャトルA（赤）の糸を左手にかけて、シャトルB（緑）でブリッジ1目編む。

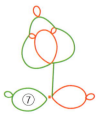

⑦裏に返してシャトルB（緑）でリングを編む。

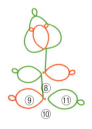

⑧〜⑪
編み図の目数で④〜⑦を同様に繰り返す。

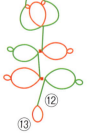

⑫
シャトルA（赤）でブリッジ4目編む。

⑬
シャトルA（赤）でリングを編む。

フラワー a 配色

25番糸
Aのシャトルに巻く糸　1.5m
Bのシャトルに巻く糸　1.8m
(1) A 赤838、B 白1000
(2) A 紫176、B 黄緑270
(3) A 黄緑270、B 赤838

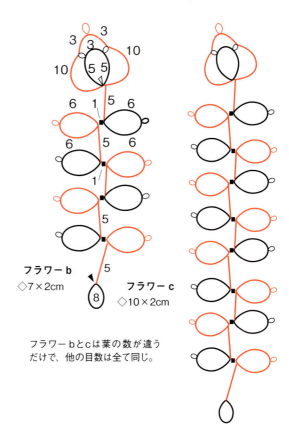

フラワー b
◇7×2cm

フラワー c
◇10×2cm

フラワーbとcは葉の数が違うだけで、他の目数は全て同じ。

フラワーモチーフ

necklace p.20

シャトル2コ

フラワーaの長さ違いのモチーフを作り、ウッドビーズやアクセサリー金具とCカンでつなぐ。

タティング材料

シャトル2コ
シャトルA　25番糸　白（110）
シャトルB　25番糸　赤（838）
フラワー a　　A　1.5m、B　1.8m
フラワー b　　A　1.9m、B　2.3m
フラワー c　　A　2.3m、B　2.8m

ネックレス材料

フラワー a　1コ
フラワー b　2コ
フラワー c　2コ
ウッドビーズ8mm 赤（α-183）　4コ
9ピン　4コ
マグネットクラスプ　1セット
Cカン0.8×3.5×5mm　6コ
丸ヤットコ　1本
平ヤットコ　2本
ニッパー　1本

＊ウッドビーズは9ピンを通してパーツ化する。

リーフモチーフ
earring , bracelet   p.15

シャトル2コ

2つのシャトルを使ったリングとブリッジのモチーフ。模様を繰り返して長く編めば、ブレードにすることも出来ます。

材料
ピアス（またはイヤリング）
シャトル2コ
シャトルA　25番糸　水色（374）2m
シャトルB　25番糸　青（217）2m
銀パール4mm（300）　10コ
ピアスパーツ（イヤリングパーツ）
Cカン 0.8×3.5×5mm　1コ

ブレスレット
シャトル2コ
シャトルA　25番糸　水色（374）3.6m
シャトルB　25番糸　青（217）3.6m
銀パール4mm（300）　25コ
銀パール8mm（300）　1コ

準備　＊銀パールの間を約20cmあけながら巻き取る。

ピアス（イヤリング）

2mの刺繍糸（水色）に、銀パールを通す。

5コ

2mの刺繍糸（青）に、銀パールを通す。

5コ

ブレスレット

3.6mの刺繍糸（水色）に、銀パールを通す。

12コ

3.6mの刺繍糸（青）に、銀パールを通す。

13コ

ピアス作り方
1. シャトルAでリング①を編む。
2. 裏に返して、シャトルAでブリッジ②を編む。
3. シャトルBでリング③を編む
4. 裏に返して、シャトルBでブリッジ④を編む。
5. それ以降は1〜4を繰り返し、最後はシャトルAで8目のリングを編んで糸始末する。
6. 最後のリングにピアス（またはイヤリング）パーツをつける。

ブレスレット作り方
ピアスと同じ要領で、12.5模様分作る。1つめのリングには、銀パール8mmを1つ入れる。完成したら、端のリングに1つめの銀パールを入れて留め具として使用する。

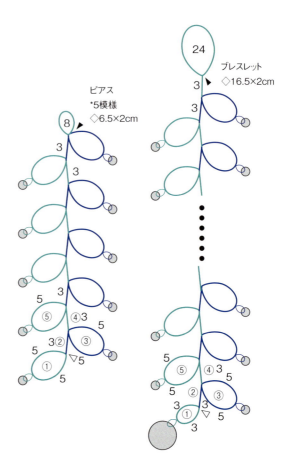

幾何学モチーフ
bracelet p.22

シャトル1コ

糸束1コ

モチーフ材料
シャトル1コ
25番糸　黒（600）1.5m
　　　　水色（414A）1.3m
銀パール（300）3mm　28コ
銀パール（300）4mm　2コ

準備
1.5mの刺繍糸（黒）に、銀パール3mmを通す。

1.3mの糸束（水色）に、銀パールを通す。

モチーフとブレスレットを別々に作り、ブレスレットをモチーフのピコットに通して使います。ブレスレットが通るサイズのロンデルを使って下さい。

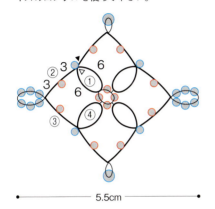

モチーフ作り方
1. リング①を編む。（6目編んだらピコットに4つの銀パールを入れて6目編む。）
2. 裏返してブリッジ②を編む。3目編んだら、シャトルの銀パールを1コ引き寄せて、3目編む。
3. 糸束の銀パールを引き寄せて、2と同様にブリッジ③を編む。
4. 裏返して、リング④を編む。6目編んだら1つめのリングにピコットつなぎし、6目編む。糸束の銀パールを引き寄せる。
5. 以降はこれを繰り返す。最後は糸束のパールを1コ引き寄せて、糸端同士をかた結びで始末する。

ブレスレット材料
シャトル1コ
25番糸　黒（600）4.3m
銀パール（300）8mm　1コ
ロンデル内径6mm　銀　2コ

準備
4.3mの糸を用意して、まずは8mmの銀パールを糸に通してから、シャトルに80cmを巻き取る。（1本の糸の途中から、1つめのリングを編み始める。）

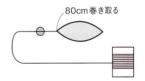

ブレスレット作り方
1. 8mmの銀パールの入ったリング①を編む。
2. ブリッジ編みの糸の持ち方をして、表目だけを繰り返し②を編む。自然とねじれた模様（スパイラル）が出てくるのでこれを26cm編む。
3. 端に24目のリング③を編む。

まとめ方図
完成したモチーフとブレスレットをロンデル2コで右図のようにまとめる。ブレスレットの銀パールをリングにはめて使用する。

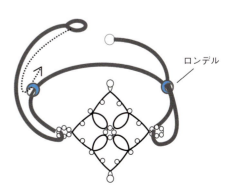

応用リング p.26

リング編みの応用のテクニック。リング編みで、ある目数を編んだら、リングと同様にシャトルの糸を引きますが、半分まで引き締めたら、次のリングを編むことで半円模様のブレードができます。基本はa。a、b、dのように半円と半円が隣あっていれば、半円リングの向きは揃いますが、c、eのように半円リングの間にパーツを挟むと半円の向きがばらばらになって動きが出ます。

編み方（b）

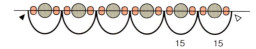

応用リングのブレード

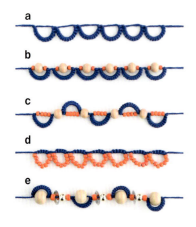

1 ビーズをシャトルの糸に通す。

2 リング編みの持ち方で、左手の糸の輪の中にビーズを入れる。

3 必要な目数を編み、リングを作る時と同様に糸を引く。

4 ビーズ入りの応用リングの完成。2コめを続ける時は、1コめと隙間を空けずにリング編みをする。

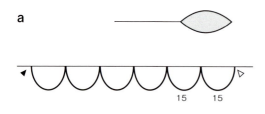

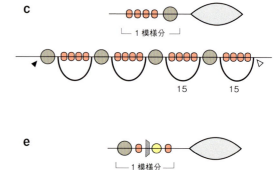

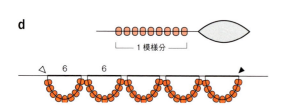

応用リングのアイディア2

earring, bracelet ✱ p.27

シャトル1コ

応用リングの間にパーツをはさむ模様を使ったブレスレットとピアス(イヤリング)。ブレスレットは、アクセサリーのエンドパーツを使わずに、大きめのウッドビーズとリングで仕立てています。

ピアス（イヤリング）材料
シャトル1コ
25番糸　青（217）1.5m
特大4mm　オレンジ（50）6コ
金パール5mm（301）3コ
スパングル亀甲8mm　銀（500）3コ
ウッドビーズ8mm（R8-1）4コ
お好みのピアス（イヤリングパーツ）

準備
1.5mの刺繍糸（青）にビーズを通す。

＊AとAの間を約24cmあけて巻き取る。

編み始めの糸端はビーズに通して接着剤でとめて始末する。
好みのピアス（イヤリング）パーツを合わせる。

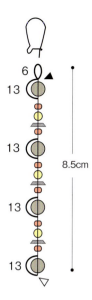

ブレスレットa材料
シャトル1コ
25番糸　オレンジ（404）2.6m
特大4mm　青（48）5コ
　　　　　赤（45）5コ
　　　　　緑（47）5コ
金パール3mm（301）5コ
マガ玉ビーズ5mm（M21）5コ
ウッドビーズ4mm（R4-1）5コ
ウッドビーズ8mm（R8-1）1コ

準備
2.6mの刺繍糸（オレンジ）にビーズを通す。

＊ビーズ2コの間を適宜あけながら巻き取る。

編み始めは、ウッドビーズ（8mm）をピコットに入れたリングを編む。編み終わりは24目のリングを編む。両端の糸はリングの編み目にボンドをつけて糸始末する。

ブレスレットb材料
シャトル1コ
25番糸　緑（337）3.2m
丸大　青（48）5コ
　　　オレンジ（42DF）5コ
　　　ピンク（2107）5コ
金パール5mm（301）13コ
ウッドビーズ4mm（R4-1）14コ
ウッドビーズ8mm（R8-1）1コ

準備
3.2mの刺繍糸（オレンジ）にビーズを通す。　　＊ビーズ3コの間を適宜あけながら巻き取る。

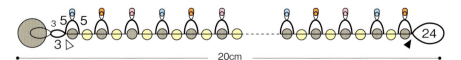

応用リングのアイディア1

necklace p.24, 25

シャトル1コ

応用リングのブレードを応用したネックレス。a、b、cともにアクセサリーのまとめ方は同じです。

a

タティング材料
シャトル1コ
25番糸　オレンジ（445）6m
- 丸大　緑（47D）22コ
- 　　　青（48）22コ
- 　　　ピンク（2107）11コ
- 金パール5mm（301）11コ

ネックレス材料
- 丸大　赤（45）98コ
- 　　　緑（47F）40コ
- 　　　青（48）20コ

ボールチップ 2コ
丸カン5mm 2コ、カニカン 1コ
平ヤットコ2本、丸ヤットコ1本

準備
6mの刺繍糸（オレンジ）にビーズを通す。

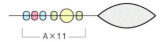

※1模様のビーズの間を約34cmあけてシャトルに巻き取る

作り方

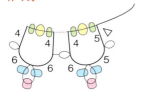

1. 糸端を40cm残して編み始める。
2. リング編みの糸の持ち方でAのパーツを左手の糸輪の中に入れた状態で5目編む。
3. ピコットを1つ作り、5目編み、手前のビーズ3つをピコットに通して、6目編む。
4. ピコットを1つ作り、4目編む。
5. シャトルの糸を引き、リングを締める。
6. 2コめのリングからは直前のリングにピコットつなぎしながら編む。
7. 11コの応用リングを作ったら、糸端を40cm残しておく。

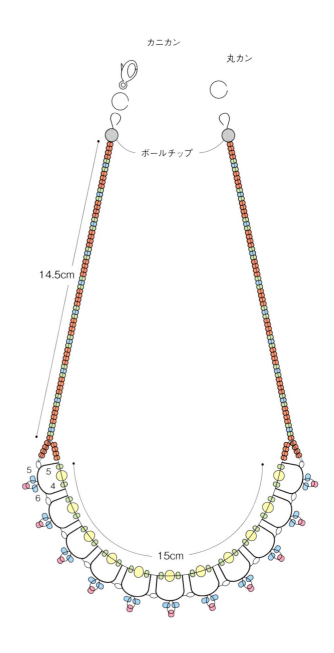

b

タティング材料
シャトル1コ
25番糸 緑 (337) 8m
○ 丸大 青 (48) 33コ
○ 丸大 緑 (47) 55コ

アクセサリー材料
○ 丸大 緑 (47) 136コ
ボールチップ 2コ
丸カン5mm 2コ
カニカン 1コ
アジャスター 1コ
平ヤットコ 2本
丸ヤットコ 1本

c

タティング材料
シャトル1コ
25番糸 青 (217) 8m
○ 丸大 ピンク (2107) 22コ
○ ウッドビーズ6mm (α-170) 11コ
| スパングル亀甲
　金 (501) 6mm 22コ

アクセサリー材料
○ 丸大 青 (48) 136コ
ボールチップ 2コ
丸カン5mm 2コ
カニカン 1コ
アジャスター 1コ
平ヤットコ 2本
丸ヤットコ 1本

準備

刺繍糸 (緑または青) に、ビーズを通す。

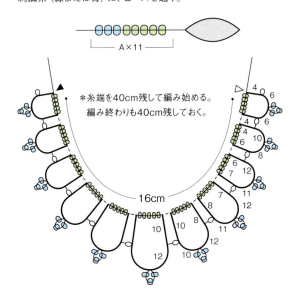

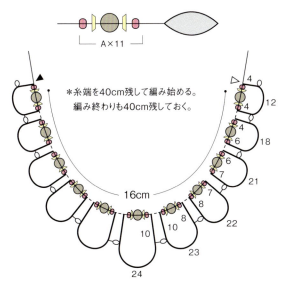

アクセサリー作り方　a、b、c共通

1. 残しておいた糸端に図の順にビーズを通す。

　(1) 糸端にビーズ8コ通し、端のリングのピコットに通す。
　(2) さきほど通した4コのビーズに再び糸を通す。

2. 残りのビーズを糸に通す。

　a 赤を1コ通してから、ビーズの1模様 (B) を10回分通す。
　b、c それぞれ60コのビーズを通す。

3. 糸端はボールチップでとめて、カニカンにつなぐ。もう一方の糸端も同様にビーズを通し、ボールチップでとめ、丸カンをつなげる。b、cは丸カンにアジャスターをつなげる。

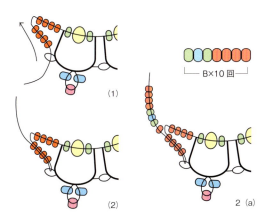

パールタティング p.29

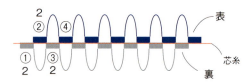

パールタティングは、2つの糸束とシャトルの芯糸の3本の糸を使い、芯糸の上下に交互にピコットを作る編み方です。ピコットの大きさや目数を変えたり、ビーズを通せば、多様なブレードができます。パーツは糸束の糸に通せばよいので、糸に通せるものなら、どんなものでも組み合わせることが出来ます。p.77〜79の作品は、まずはブレードとして編み、それをワイヤーのチョーカーやチャーム用のフープに通して作ります。

基本の編み方

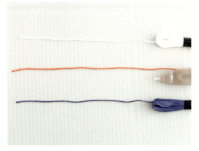

1 糸束2本とシャトルの糸、3種類の糸を用意する。

2 白の糸とシャトルの糸で、ブリッジ編みの要領で2目編む。

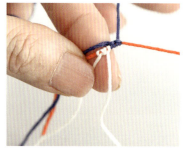

3 2目の編み目を裏に返して、青の糸とシャトルの糸で2と同様に2目編む。

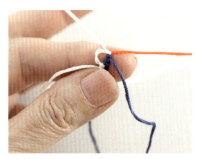

4 青の編み目を裏に返して、白の糸でピコットを作る要領で1目編み、続けてもう1目編む。

5 これを繰り返す。

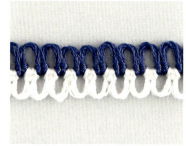

6 完成

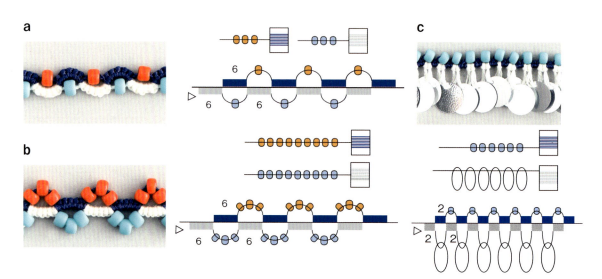

パールタティングのアイディア 1

choker p.28

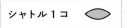
シャトル1コ

糸束2コ

アクセサリー材料　a～c 共通
ワイヤーチョーカー（太タイプ）直径12cm

作り方
1. 左ページを参考にブレードを編む。
2. 両端を糸始末する。3本のうち、1本はビーズに通してから切る。残りの2本はブレードの裏側でかた結びし、ボンドでとめて始末する。
3. ワイヤーのチョーカーの端からブレードを通す。それぞれ特大ビーズにワイヤーをくぐらせる。くぐらせたら、ワイヤーの端に接着剤をつけて付属のキャップをはめる。

片側のキャップが外れるタイプのワイヤーチョーカーに、パールタティングのブレードのビーズを通すだけ。ブレードはどちらを表にしても構いません。仕上がりがきれいな方で決めて下さい。

a

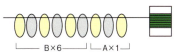

25番糸　赤（837）2m
特大4mm　青（48）14コ
　　　　オレンジ（42D）13コ
　　　　白（51）13コ

25番糸　緑（337）2.5m
スパンコール　丸型10mm　金　20コ
スパンコール　丸型10mm　銀　19コ

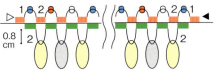

シャトルの糸　25番糸（赤837）80cm

b

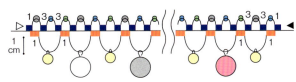

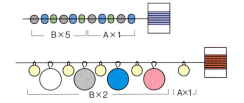

25番糸　青（217）2.3m
銀パール4mm（300）12コ
特大4mm　青（48）12コ
緑（47F）11コ

25番糸　赤（837）1.3m
宝来鈴 2.5分　9コ
毛糸ポンポン小 1.5cm　8コ
Tピン　8コ
＊ポンポンにTピンをつける

シャトルの糸　25番糸（青217）80cm

c

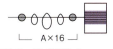

25番糸　オレンジ（758）2m
特大4mm　オレンジ（50）　17コ
ウッドビーズ（R4-1）4mm　34コ

25番糸　紫（176）2m
銀パール3mm（300）32コ
マガ玉ビーズ（M21）5mm　32コ
マガ玉ビーズ（M21）7mm　16コ

シャトルの糸　25番糸（オレンジ758）80cm

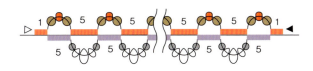

77

パールタティングのアイディア 2

Charm ✳ p.30, 31

 シャトル1コ　　 糸束2コ

ブレードをカン付きのワイヤーフープに通せばチャームになります。ネックレスのトップの飾りやピアス(イヤリング)としてお好みでお楽しみ下さい。作り方、糸始末は前ページのチョーカーと同じ。

アクセサリー材料　a～c 共通
4cmカン付きワイヤーフープ　a～c
3cmカン付きワイヤーフープ　d～g

a

25番糸　ピンク(486) 1.2m
特大5.5mm　透明(21) 7コ
ウッドビーズ6mm(α-175) 6コ

25番糸　オレンジ(405) 1.2m
シェルパーツ　6コ
海モチーフのパーツ　6コ

シャトルの糸　25番糸(ピンク486) 70cm

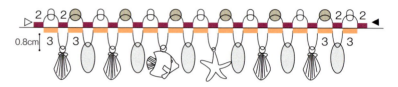

b

25番糸　黒(600) 1.2m
丸大　金(557) 15コ

25番糸　紫(176) 1.2m
金パール4mm(301) 8コ
金パール5mm(301) 4コ

シャトルの糸　25番糸(黒600) 70cm

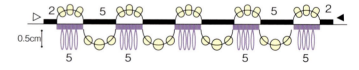

c

25番糸　紫(486) 1.2m
特大4mm　青(48F) 5コ
　　　　　金(722) 4コ
　　　　　緑(47F) 4コ

25番糸　白(110) 1.2m
アートフラワー　12コ
つや消し白パール(307) 4mm　24コ

シャトルの糸　25番糸(紫486) 70cm

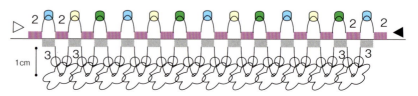

ワイヤーフープ

カンの開閉部分からブレードの
ビーズに通す。ブレードを通し
終わったら、開閉部分に接着
剤をつけて固定します。

d

(25番糸　紫（176）1m
　特大4mm　青（48）4コ
　　　　　　白（51）4コ
　　　　　　古金（722）4コ

(25番糸　緑（537）1m
　リーフスパングルミックス
　（TOHO）7コ

シャトルの糸
25番糸（紫176）60cm

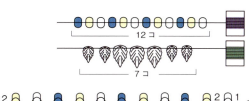

e

(25番糸　黒（600）1m
　特大4mm　オレンジ（50）4コ
　　　　　　茶色（423）4コ
　ウッドビーズ4mm（α-180）4コ

(25番糸　オレンジ（758）1m
　金パール5mm（301）6コ
　ウッドビーズ8mm（R8-1）5コ

シャトルの糸
25番糸（黒600）60cm

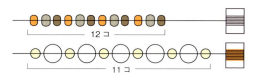
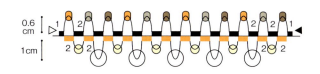

f

(25番糸　オレンジ（445）1m
　特大4mm　古金（722）15コ

(25番糸　白（110）1m
　ウッドビーズ4mm
　ピンク（α-130）4コ
　黄色（α-127）4コ
　水色（α-134）4コ

シャトルの糸
25番糸（オレンジ445）60cm

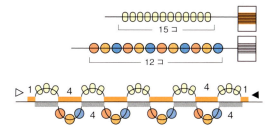

g

(25番糸　オレンジ（754）1m
　特大4mm　青（48F）6コ

(25番糸　黄緑（2323）1m
　二分竹　金（22）10コ
　丸大　緑（44）5コ

シャトルの糸
25番糸（オレンジ754）60cm

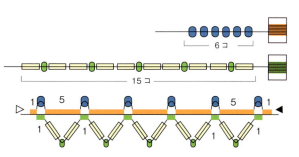

79

Profile

有泉佳子

様々なレース編みの手法を用いた独創的な作品を発表。霞ケ丘技芸学院やカルチャーセンターで指導も行う。2007年第40回創作手工芸展にて文部科学大臣賞他受賞。著書に『はじめてレッスン ヘアピンレースのブレードとモチーフ』(日本ヴォーグ社)。2018年NHK「すてきにハンドメイド」出演。公益財団法人日本編物検定協会理事。

蘇原玲子

女子美術大学芸術学部工芸科(織コース)卒業。ランジェリーレースやコスチュームジュエリーのデザイン業に従事。現在、フリーランスとしてコスチュームジュエリーのブランド『SOHARA』運営の他、コラボレーションブランドの設立、デザイン提供などを行う。
https://sohara.thebase.in/

矢崎順子

慶應義塾大学環境情報学部卒業。カフェで刺繍を体験するワークショップ「刺繍CAFE」を2005年から始める。現在も、東京を中心にワークショップ開催するほか、手工芸をテーマにした書籍を企画、編集する。『ガールズ・ハンドメイド事典』(ビー・エヌ・エヌ新社)『世界のかわいい刺繍』(誠文堂新光社)など。
http://artistin.jp

本書のタティング作品について
https://instagram.com/colorful_tatting

材料提供

● 刺繍糸
株式会社ルシアン
532-0004
大阪市淀川区西宮原1-7-51ワコール大阪ビル
お客様センター
tel 0120-817-125
平日9:00～17:30(土・日・祝を除く)
https://www.lecien.co.jp/

● ビーズ
トーホー株式会社
733-0003
広島市西区三篠町2丁目19-19
tel (082) 237-5151(代)
http://www.toho-beads.co.jp/

『ビーズマーケット』
https://beads-market.net/
本書で使用のトーホーのビーズ類が購入できます。

Staff

企画・編集　矢崎順子
デザイン・装丁　橘川幹子
写真　鏑木希実子
ヘアメイク　吉川陽子
モデル　北口美愛
編み図　artist in

刺繍糸(ししゅういと)とビーズでいろどる
カラフル・タティングのアクセサリー　NDC594

2019年8月2日　発 行

著　者　有泉佳子(ありいずみよしこ)、蘇原玲子(そはられいこ)、矢崎順子(やざきじゅんこ)
発行者　小川雄一
発行所　株式会社 誠文堂新光社
　　　　〒113-0033　東京都文京区本郷3-3-11
　　　　(編集) 電話03-5805-7285
　　　　(販売) 電話03-5800-5780
　　　　http://www.seibundo-shinkosha.net/

印刷・製本　図書印刷 株式会社

© 2019, Yoshiko Ariizumi, Reiko Sohara, Junko Yazaki.　Printed in Japan

検印省略
禁・無断転載
落丁・乱丁本はお取り替え致します。

本書に掲載された記事の著作権は著者に帰属します。
こちらを無断で使用し、展示・販売・レンタル・講習会等を行うことを禁じます。

本書のコピー、スキャン、デジタル化等の無断複製は、著作権法上での例外を除き、禁じられています。本書を代行業者等の第三者に依頼してスキャンやデジタル化することは、たとえ個人や家庭内での利用であっても著作権法上認められません。

JCOPY　<(一社) 出版者著作権管理機構 委託出版物>
本書を無断で複製複写(コピー)することは、著作権法上での例外を除き、禁じられています。本書をコピーされる場合は、そのつど事前に、(一社) 出版者著作権管理機構(電話 03-5244-5088 / FAX03-5244-5089 / e-mail:info@jcopy.or.jp)の許諾を得てください。

ISBN978-4-416-61903-2